FEHDE UND DUELL.

VORTRAG,

GEHALTEN IN DER AULA DER UNIVERSITÄT ROSTOCK
AM 13. FEBRUAR 1899

VON

Dr. HEINRICH GEFFCKEN,
A. O. PROFESSOR DER RECHTE.

LEIPZIG,
VERLAG VON VEIT & COMP.
1899.

Fehde und Duell.

VORTRAG,

GEHALTEN IN DER AULA DER UNIVERSITÄT ROSTOCK
AM 13. FEBRUAR 1899

VON

DR. HEINRICH GEFFCKEN,
A. O. PROFESSOR DER RECHTE.

LEIPZIG,
VERLAG VON VEIT & COMP.
1899.

Druck von Metzger & Wittig in Leipzig.

Im Jahre 1897 veröffentlichte ich in der „Deutschen Zeitschrift für Geschichtswissenschaft" einen Aufsatz über den germanischen Ehrbegriff, der sich im Wesentlichen gegen G. von Below's Auffassung vom Ursprunge des Duells richtete. Als von Below hierauf im Jahre 1898 an gleicher Stelle antwortete, ließ ich durch redaktionelle Notiz meine Absicht ankündigen, den aufgeworfenen Fragen demnächst nochmals in eingehender Weise näher zu treten. Leider machen mir verstärkte Berufspflichten die Ausführung dieses größeren Planes vorerst unmöglich. Umsoweniger trage ich Bedenken, die Grundgedanken, auf welchen mein Widerspruch gegen von Below auch nach seinen neuerlichen Ausführungen beruht, in der unveränderten Form eines Vortrages weiteren Kreisen zugänglich zu machen. Denn einmal glaube ich für diese populäre Darlegung auf ein allgemeineres Interesse rechnen zu dürfen, sodann aber erwächst mir selbst damit der Vorteil, bei den Einzeluntersuchungen zur Geschichte des Duells, die ich für spätere

Zeit weiterhin im Auge behalte, auf meine Leitideen als etwas bereits Bekanntes verweisen zu können.

Mancher Leser wird vielleicht die Bezugnahme auf das Ordal des gerichtlichen Zweikampfes und auf die durch Gottes- und Landfrieden bekämpfte Fehde des späteren Mittelalters vermissen. Es sei daher bemerkt, daß ich zwar nach wie vor an dem inneren Zusammenhang dieser Rechtsinstitute mit der Ehrenkränkung im altgermanischen Sinne festhalte, dennoch aber den Versuch bedenklich finden mußte, die verwickelteren Beziehungen, welche hier bestehen, in gemeinverständlicher Weise darzulegen.

Rostock, im April 1899.

Heinrich Geffcken.

Hochverehrte Damen und Herren!

Über „Fehde und Duell“ soll ich die Ehre haben, heute vor Ihnen zu sprechen. In dieser Formulierung lässt das Thema eine verschiedene Behandlung zu.

Eine Fehde in des Wortes ursprünglicher Bedeutung kennen wir im modernen Rechtsstaate nicht mehr, wohl aber lebt, wenn auch nicht vom Recht, so doch von der Sitte der Gegenwart anerkannt das fort, was wir als Duell bezeichnen. Je nachdem also meine Ausführungen das Hauptgewicht auf den einen oder auf den anderen Begriff des Themas legen, wird sich das, was ich Ihnen zu sagen habe, verschieden gestalten.

Lege ich den Nachdruck auf die Fehde, so muss mein Vortrag ein überwiegend historischer werden; betone ich das Duell, so wird meine Darlegung wenigstens ihren Schwerpunkt in der Erörterung gegenwärtiger Verhältnisse zu suchen haben. Die letztere Alternative zu ergreifen und Ihnen hier hauptsächlich vom Duell der Jetztzeit zu sprechen, möchte vielleicht gerade die jüngste Vergangenheit besonders auffordern. Denn wer wollte leugnen, dass die Fragen, welche mit dem Duellwesen zusammenhängen, seit kurzem wieder einmal begonnen haben, die Aufmerksamkeit weiterer Kreise im deutschen Vaterlande zu beschäftigen? Gewisse, von besonders aufsehenerregenden Umständen begleitete Vorkommnisse auf dem Gebiete der Privatrache haben unser Volk neuerdings in Bewegung versetzt, die Presse hat sich des nur allzu dankbaren Stoffes bemächtigt, von der Tribüne des Reichstags sind heftige Anklagen gegen die Laxheit und Inkonsequenz einer Staatsgewalt erklungen, die einerseits das Duell mit Strafe bedrohe, andrerseits den Verweigerer bewaffneter Genugthuung aus der Liste der Ehrenmänner sans phrase streiche. Auch die Wissenschaft hat ihre Stimme erhoben, und namentlich der Leipziger Strafrechtslehrer Binding hat verschiedentlich versucht, nicht nur den heutigen Zustand als widersinnig an den Pranger zu stellen, sondern auch Vorschläge zu seiner Beseitigung zu machen.

Dennoch, meine hochverehrten Anwesenden, widerstehe ich unschwer der Versuchung, das Für oder Wider des modernen Duells vor Ihnen zu erörtern. Und zwar aus einem sehr einfachen Grunde. Wir kommen hier zusammen zu wissenschaftlichen Vorträgen. Die Fragen aber, welche sich aus dem thatsächlichen Fortbestehen der gewaltsamen Reaktion gegen Beleidigungen ergeben, sind meines Erachtens wissenschaftlich noch lange nicht spruchreif. Ja ich möchte weiter gehen und sagen: auf kaum einem anderen Gebiete des praktischen Lebens dürfte es der Wissenschaft so schwer fallen, eine feste Position zu gewinnen, von der aus sie den Kampf der Meinungen überschauen und maßgebend zu bestimmen vermöchte. Denn die Wissenschaft soll objektiv sein oder doch wenigstens aus aller Macht nach Objektivität streben. Nirgends aber, selbst nicht auf dem Gebiete des uns wild umbrandenden wirtschaftlichen Interessenstreites, fehlt den beiderseitigen Gegnern so sehr das Organ für das Verständnis der entgegenstehenden Überzeugung, nirgends wirkt die subjektive Welt- und Lebensanschauung, mag sie nun selbständig erworben oder von außen überkommen sein, so mächtig, so nachhaltig, so zwingend auf den Einzelnen. Auch die Träger der Wissenschaft haben sich solchem Zwange bisher nur allzu wenig entzogen, und wo Gelehrte sich über den Ehrenzweikampf der Gegenwart geäußert haben, da haben sie es fast ohne Ausnahme als Parteigänger gethan.

In den Wettkampf um den Lorbeer, welchen eine Partei flicht, hinabzusteigen gelüstet mich von dieser Stelle aus am wenigsten. Dagegen glaube ich, daß es allerdings eine in den Zusammenhang des Duellwesens gehörige Frage giebt, welche sich schon heute bei einiger Selbstzucht des Geistes rein wissenschaftlich entscheiden läßt. Das ist die Frage nach dem geschichtlichen Ursprunge des Duells. Ja noch mehr: ich glaube oder ich hoffe wenigstens, es könnte die historische Betrachtungsweise berufen sein, den Boden für eine zukünftige Verständigung unserer heutigen Duellgegner und Duellfreunde zu bereiten. Denn wenn es die höchste Aufgabe geschichtlicher Erkenntnis ist und bleibt, die Erscheinungen der Gegenwart aus ihrer Vergangenheit heraus zu erklären, so muß notwendig das vollkommenste historische Verständnis die vollkommenste Gerechtigkeit des Urteils gegenüber den leidenschaftlichen Kämpfen der umgebenden Mitwelt zur Folge haben.

Freilich, hiermit ist bloß ein Ideal bezeichnet, Ideale aber besitzen bekanntlich die mißliche Eigenschaft, mit der Wirklichkeit gar nicht oder doch nur sehr teilweise übereinzustimmen. Und so muß denn leider gesagt werden, daß auch die Frage nach dem Ursprung des Duells bisher meist vom Parteistandpunkte aus aufgeworfen und im Parteisinne beantwortet worden ist. Das gilt wiederum unterschiedslos sowohl von den Anhängern als von den Feinden des Ehrenzweikampfes. In jüngster Zeit aber ist es allerdings fast ausschließlich ein leidenschaftlicher Gegner des Duells gewesen, der durch seine einschlägigen geschichtlichen Untersuchungen von sich hat reden machen: der Marburger Historiker Georg von Below. Er hat seit dem Jahre 1896 eine Reihe von Schriften und Aufsätzen ausgehen lassen, in denen er immer und immer wieder die These verteidigt, das Duell müsse von uns Deutschen schon um deswillen verworfen werden, weil es etwas total Ungermanisches sei. Die Wiege des Ehrenzweikampfes habe vielmehr in den romanischen Ländern gestanden, insbesondere habe sich Frankreich an der Ausbildung desselben beteiligt, und erst von hier sei das Duell, und zwar erst seit dem sechzehnten Jahrhundert, nach Deutschland verpflanzt worden, um dann in unserem Vaterlande während der rohen und verkommenen Zeiten des dreißigjährigen Krieges immer festere Wurzeln zu schlagen.

von Below ist, wie gesagt, ein leidenschaftlicher Duellgegner. Er macht hieraus auch nicht den geringsten Hehl und gießt die volle Schale seines Zorns über die Verteidiger der entgegenstehenden Ansicht aus. Wir werden daher wohl in unserem Rechte sein, wenn wir der Zuverlässigkeit seiner geschichtlichen Deduktionen zunächst mit denselben Zweifeln begegnen, wie allen gleichartigen Versuchen ausgesprochener Parteigänger für oder wider den Zweikampf. Aber von Below überragt andrerseits fast alle diejenigen, welche in letzter Zeit über den Ursprung des Duells geschrieben haben, an allgemeiner wissenschaftlicher Bedeutung, er ist ein Gelehrter von anerkanntem Rufe, und insbesondere seine stadtgeschichtlichen Arbeiten haben seinen Namen auf das Vorteilhafteste bekannt gemacht. So hat denn auch seine Theorie von der romanischen Abstammung unseres heutigen Duells bereits einen nicht unbeträchtlichen Einfluss auf die Anschauungen gebildeter Kreise gewonnen. Um so reizvoller erscheint es dem fachgenössischen Zweifler, diese Below'sche Ansicht in selbständiger rechtshistorischer

Betrachtung auf ihre Stichhaltigkeit zu prüfen, um so erstrebenswerter erscheint ihm die ruhige Unbefangenheit, welche die geschichtlichen Dinge sieht, wie sie waren, nicht, wie der Nachgeborene sie geschehen wissen möchte. Gestatten Sie denn, meine hochverehrten Anwesenden, daß ich Sie zu einem solchen Zielen zustrebenden Gange durch unsere deutsche Rechtsgeschichte einlade.

Es wird diese Wanderung erleichtern, wenn wir ihrem Antritt die Erledigung einer mehr begrifflichen Frage vorausschicken. Wollen wir versuchen einen Einblick in die Art und Weise zu gewinnen, wie unsere Altvordern gegen Kränkungen ihrer Ehre reagierten, so wird es notwendig oder wenigstens zweckdienlich sein zunächst zu erörtern, was man ganz im Allgemeinen unter menschlicher Ehre zu verstehen hat. Diese Frage werden wir kurz und prägnant dahin beantworten können: Ehre ist das Bewußtsein vom Werte des Menschen. Damit aber lösen sich sofort zwei Vorstellungsformen der Ehre voneinander ab: die innere und die äußere Ehre. Die innere Ehre ist das Selbstbewußtsein des eigenen Menschenwertes, sie ist die Achtung, welche jeder Mensch vor sich selbst hat. Diese innere Ehre also besteht, wie ihr Name schon sagt, in einem rein innerlichen, auf das Individuum beschränkten Seelenzustande. Als ein rein ideales Gut aber kann mir dies Selbstbewußtsein meines eigenen Menschenwertes von keiner äußeren Macht der Welt weder gegeben noch genommen, weder erhöht noch gemindert werden. Auch dem Rechte ist somit die innere Ehre schlechterdings unzugänglich, und insbesondere bedarf sie keines Rechtschutzes, denn Beleidigungen reichen nicht an sie heran. Damit ist jedoch gesagt, daß die innere Ehre aus diesen unseren Betrachtungen überhaupt auszuscheiden hat, denn eine Ehre, die ihrem Wesen nach nicht gekränkt werden kann, gehört nicht zu unserem Thema. Wir haben uns also im Folgenden nur noch mit der äußeren Ehre zu befassen.

Was verstehen wir denn nun unter äußerer Ehre? Sie ist im Gegensatz zur inneren Ehre nicht das Selbstbewußtsein, sondern das Bewußtsein der uns umgebenden Außenwelt von unserem Werte, sie ist die Achtung, welche unsere Mitmenschen vor uns haben. Freilich, entsprächen unsere menschlichen Zustände ihrem Ideal, wären wir vollkommen an Geist und Gemüt, so müßte die innere Ehre des Individuums mit dem Werturteil der Außenwelt über dasselbe Individuum inhaltlich zusammenfallen. Thatsächlich aber ist dies nie der Fall. Ja man wird sagen müssen: je mehr die höher entwickelte Kultur das Seelenleben des Einzelnen verfeinert, desto weniger vermag in seine zarte Verästelungen das Auge des Nächsten zu dringen: unsere besten wie unsere schlechtesten Regungen verbergen wir still vor den Blicken der Menge.

Ist also die Achtung, welche dem Einzelnen von der

Aussenwelt gezollt wird, niemals frei von kleineren oder größeren Rechenfehlern, so muß dennoch die oft gehörte Ansicht, die äußere Ehre sei überhaupt gar kein Gut, und der Mensch könne sich am inneren Bewußtsein seines Wertes völlig genügen lassen, für durchaus falsch gelten. Kein Mensch vielmehr, der unter Menschen lebt, vermag deren Achtung zu entbehren. Ein Robinson Krusoë mußte freilich, so lange er einsam auf ödem Felseneiland hauste, notgedrungen auf jede äußere Anerkennung verzichten, von dem Augenblick an aber, wo er seinen Freitag fand, kannte er kein besseres Ziel, als diesem armseligen Geschöpf einen Begriff seines eigenen höheren Menschentums beizubringen. Der Mensch ist nun eben einmal, wie Aristoteles gesagt hat, ein *πολιτικὸν ζῶον*, ein Gesellschaftswesen, er ist seiner innersten Natur nach auf den Verkehr mit Seinesgleichen angewiesen, und dieser Verkehr gewährt dem geselligen Bedürfnis nur dann Befriedigung, wenn er auf gegenseitiger Achtung beruht. So ist denn auch die äußere Ehre ein Gut, und wahrlich keins der geringsten, die der Mensch sein eigen nennt. Aber freilich ein so rein ideales Gut wie die innere Ehre ist sie nicht. Nicht wir selbst geben und nehmen sie uns, sie wird uns vielmehr zugeteilt von der Außenwelt, es ist das Urteil unserer Mitmenschen, von dem sie abhängt. Daher liegt der alleinige Maßstab, nach welchem sie gemessen wird, in den Normen, die das Gemeinleben der Menschen regeln, d. h. in Sitte und in Recht.

Die äußere Ehre ist demnach ein soziales Gut und ein Rechtsgut. Sie vermag angegriffen, vermindert, vernichtet zu werden: so ist sie denn auch dem Schutze von Sitte und Recht zugänglich und — seiner bedürftig.

Es entspricht dem Gesagten, daß Sitte und Recht sich bei allen Völkern und zu allen Zeiten ihrer Aufgabe als normgebende und normverteidigende Mächte der äußeren Ehre bewußt gewesen sind. Insbesondere bei unseren germanischen Vorfahren finden wir bereits in urältesten Perioden ihrer Geschichte eine reiche Fülle von Sitten- und Rechtsgewohnheiten, die den Anspruch des Einzelnen auf die Achtung seiner Lebensgenossen regeln. Schon die Germania des Tacitus, jene geistreiche Schilderung eines vornehmen Römers von den öffentlichen Zuständen der Deutschen aus dem Ende des ersten Jahrhunderts nach Chr., giebt uns hier vereinzelte Anhaltspunkte; ausgiebiger fließen dann die Quellen, seitdem mit Beginn der Völkerwanderung die einzelnen Stämme der ins Römerreich eingefallenen Germanen zur Aufzeichnung ihres altüberkommenen Rechtes verschreiten. Von fast noch höherem Werte aber als diese Volksrechte der Franken, Alamannen, Baiern, Langobarden, Burgunder und Goten sind uns hier wie auch sonst vielfach die Denkmäler nordgermanischer Sitten- und Rechtsgewohnheit, also die ältesten Sagen und Rechtsquellen der Norweger, Isländer, Dänen und Schweden. Trotzdem sie nämlich ihre Aufzeichnung alle erst einer späteren, teilweise sogar einer bedeutend späteren Zeit verdanken als die Volksrechte der Südgermanen, bringen sie uns doch in mancher Beziehung der wissenschaftlichen Erkenntnis des gemeinsamen Urzustandes der Germanen näher als jene. Denn hier im hohen Norden haben germanische Sitte und germanisches Recht viel länger als in südlicheren Breiten ein rein nationales Gepräge bewahrt. Die nordischen Germanen nahmen nicht, wie die meisten ihrer Vettern jenseits des baltischen Meers, an der Völkerwanderung teil, so blieben sie denn unberührt von den Einflüssen der römischen Kultur und lange Zeit auch des Christentums, während die Südgermanen diesen beiden Einflüssen je länger desto mehr ausgesetzt wurden.

Welches Bild tritt uns denn nun aus diesen Quellen der germanischen Urzeit bezüglich der äußeren Ehre und ihres Schutzes entgegen? Eine Thatsache ist es, die hier sofort zu voller Deutlichkeit gelangt: der Germane der Vorzeit kennt kein edleres Gut der Persönlichkeit als die äußere Ehre, als die Achtung seiner Genossen. Ja diese Achtung wird geradezu als die wichtigste Voraussetzung für die Anerkennung der Persönlichkeit im Sinne der Sitte und des Rechtes angesehen. Und die Sitte nimmt auf diesem Gebiete meist einen so zwingenden Charakter an, daß sie begrifflich fast mit dem Rechte zusammenfällt. Der Sklave hat keinen Anspruch auf irgend welche Achtung seiner Individualität, er hat keine Ehre, darum ist er rechtlich Sache und gilt dem Haustiere gleich. Der Verbrecher, welcher durch seine That, der Gaukler, welcher durch sein Gewerbe den Wert seiner Persönlichkeit herabsetzt, leidet Schaden an seiner Ehre, und diese Einbuße äußert sich sofort in rechtlicher Zurücksetzung. Ist die Ehre aber ein so hohes Gut, so muß jeder, der an ihr Teil hat, auf das Eifersüchtigste wachen, daß sie ihm nicht verloren gehe, denn ihr Verlust ist gleichzeitig Verlust am Recht.

Dazu kommt jedoch ein zweites. Der Begriff der Ehrenkränkung selbst ist in germanischer Vorzeit ein viel weiterer, die Zahl der Verbrechen, welche als Beleidigungen aufgefaßt werden, ist viel größer als nach unseren modernen Rechtsvorstellungen. Die ganze Summe der Thaten nämlich, welche von unseren Altvordern als rechtswidrig empfunden wurden, wird man in zwei großen Kategorieen unterbringen können. Die eine derselben umfaßt die im Verborgenen begangenen Schandthaten, für die ihr Urheber nicht mit seiner Persönlichkeit einzustehen wagt. Dahin gehören Diebstahl, heimliche Tötung und widernatürliche Laster. Die andere große Kategorie der positiven Rechtswidrigkeiten ist diejenige der offenen Gewaltthaten, d. h. solcher Handlungen rechtsverletzenden Charakters, für die der Thäter in trotzigem Selbstbewußtsein vor aller Welt die Verantwortung übernimmt. Beide Arten, die heimliche Schandthat wie die offene Gewaltthat, stehen im engsten Zusammenhange mit dem Ehrenrechte der germanischen Vorzeit. Wer heimlich frevelt, begeht eine ehrlose Handlung und wird durch seine That selbst jeden Anspruches auf Achtung seines Lebenskreises bar. Heimliche Wegnahme fremder Sachen, verborgene Tötung machen den Schuldigen ehrlos. Wer es dagegen unternimmt, im Angesicht der Öffentlichkeit einen Anderen an seinen wohlberechtigten Interessen zu kränken, der zeigt damit, daß er den Persönlichkeitswert oder, wie die Quellen sich wunderbar schön ausdrücken, die Mannheiligkeit des Gegners mißachtet. Jede Gewaltthat ist nach urgermanischer Auffassung ein kecker Versuch, der auf der trotzigen Zuversicht gründet, der andere werde nicht wagen, mit Gleichem oder Schlimmerem zu antworten. So liegt in der gewaltthätigen Rechtsverletzung stets eine Beleidigung des Vergewaltigten, und die Quellen erweisen, daß z. B. bei den Körperverletzungen, wie sie die Roheit der Zeit Tag für Tag vorkommen ließ, das Moment des körperlichen Schadens völlig zurücktritt vor der Schmach, welche im Angriff auf die Mannheiligkeit gefunden wird. So ist ein Faustschlag an und für sich gewiß geeigneter den Körper des Betroffenen zu schädigen als eine Ohrfeige. Dennoch strafen die Langobarden letztere doppelt so hoch als ersteren, weil die Maulschelle bei ihnen für schmachvoller gilt als der Schlag mit der geballten Faust. Bei den Sachsen wird es gleich hart geahndet, wenn jemand einen anderen an den Haaren rauft und wenn er ihn blutrünstig schlägt, ja ein Gelegenheitsgesetz des Langobardenkönigs Aistulf verfügt sogar eine die Totschlagsbuße um das Sechsfache übersteigende Strafe, wenn jemand Schmutzwasser über einen Hochzeitszug ausgießt.[1]

Dennoch aber ist es möglich, daß bei Ehrenkränkungen den schließlichen Schaden nicht der Beleidiger, sondern der Beleidigte trägt. Das ist der Fall, wenn der Angriff auf die Ehre ohne Erwiderung von Seiten des Gekränkten bleibt, wenn er stillschweigend erduldet wird. Auch uns Modernen wird es ja bei flüchtigerem Hinsehen nicht gerade leicht zu glauben, daß ein Beleidigter die Ehrenkränkung ignoriere, weil er sich über sie erhaben fühle. Auch wir sind in solchem Falle viel geneigter anzunehmen, daß der Angegriffene schweige, weil er daran zweifle den Angriff siegreich abwehren zu können. Wie viel mehr mußte der in primitiven Kulturverhältnissen verharrende Urgermane solcher dem natürlichen Menschen naheliegenden Erwägung zuneigen, wie viel zwingender mußte sich ihm aus der schweigend hingenommenen Beleidigung die thatsächliche Minderwertigkeit des Beleidigten ergeben! Von den zahllosen Beweisen, welche uns die Quellen für diese Anschauungsweise an die Hand geben, mag hier nur einer erwähnt sein, der gleichzeitig noch einen nachträglichen Beleg für die vorhin erwähnte Thatsache bildet, daß jede Gewaltthat in erster Linie als Beleidigung aufgefaßt wurde.

Die Eyrbyggjasaga berichtet von zwei Männern, welche zu gemeinsamer Unternehmung in die Fremde ziehen. Unterwegs geraten sie, während sie gerade ihre Mahlzeit kochen, in heftigen Streit: schließlich wirft der eine dem anderen die über dem Feuer stehende Pfanne mit ihrem heißen Inhalt an den Hals und bringt ihm dadurch eine schwere Brandwunde bei. Der Verletzte verschiebt die Ahndung der Gewaltthat bis nach der Heimkunft, unterläßt jedoch dann mehrere Jahre jeden weiteren Schritt in der Angelegenheit. Inzwischen gewinnt er ein Mädchen lieb und hält um dessen Hand an. Aber mit bitterem Hohn wird er vom Bruder des Weibes zurückgewiesen: niemals werde er seine Schwester einem Ehrlosen zur Frau geben, und ehrlos sei, wer solche Schmach auf sich sitzen lasse, wie er sie erfahren.

Auf welche Weise aber hatte nun in germanischer Urzeit die zur Wahrung unbefleckter Ehre notwendige Reaktion gegen die Beleidigung zu erfolgen? Auch hier darf unsere Antwort von einer rein psychologischen Erfahrungsthatsache ausgehen, die für alle Zeiten und alle Völker Geltung hat. Der natürliche Mensch, dem Gewaltthat widerfährt, ist überall und immer geneigt, Gleiches mit Gleichem — oder Schlimmerem zu vergelten. Freilich im geordneten Gemeinwesen der Neuzeit wird diese Neigung von einer kräftigen Staatsgewalt unterdrückt, und wer ihr nachgiebt, gerät seinerseits mit der Rechtsordnung in

Konflikt. Nicht so auf den Anfangsstufen kultureller Entwicklung. Jeder Rechtshistoriker weiß, daß in jenen Zeiten nirgends von einer wirklichen Autorität des Staates die Rede sein kann, daß nur die allgemeinsten Umrisse eines rohen Strafrechtes existieren und daß gerade darum die Privatrache damals die vornehmste Form ist, in der sich das gewaltthätig verletzte Individuum an seinem Feinde erholt. Sollten denn nun unsere germanischen Altvordern von solcher Regel eine Ausnahme bilden? Das ist an sich wenig wahrscheinlich, und auch unsere Quellen bezeugen das Gegenteil. Ja wir besitzen unanfechtbare Zeugnisse dafür, daß bei den Germanen wie bei allen Ariern dies Racherecht des Verletzten sich ursprünglich sogar auf Tiere erstreckte: wer durch ein fremdes Haustier geschädigt wird, hat die Befugnis, an demselben willkürliche Rache zu nehmen.

Was aber sogar dem unvernünftigen Tiere gegenüber rechtens war, das mußte in ungleich höherem Maße gegenüber dem Menschen gelten, dessen Gewaltthat doch allein recht eigentlich als Beleidigung aufgefaßt werden konnte. So finden wir denn auch thatsächlich die Privatrache bei den Germanen der Urzeit wie bei allen jugendlichen Völkern in voller Blüte. Spezifisch germanisch aber ist die Vorstellungsreihe, auf welcher die rechtlich erlaubte Privatrache unserer Altvordern beruht. Das normale Verhältnis zwischen den Angehörigen desselben Volkes ist nach germanischer Anschauung der Frieden. Wer ihn durch Gewaltthat bricht, verscherzt durch sein Handeln selbst die Wohlthaten des Friedens. Nur eine sehr geringe Zahl von Vergehen aber empfindet das Rechtsgefühl des Volkes so schwer, daß der Thäter sich durch sie zum Feinde der Volksgesamtheit macht. Die Regel ist vielmehr, daß nur ein beschränkter Verlust des Friedens eintritt: der Friede ist nur gegenüber dem Verletzten und dessen Blutsverwandten verwirkt: diesen ist es gestattet im Wege der Selbsthilfe Rache zu üben, ohne dadurch ihrerseits einen Friedensbruch zu begehen. Das Verhältnis aber, welches durch die Gewaltthat, und zwar unmittelbar ohne vorherige Aufsage des Friedens zwischen dem Thäter und dem Verletzten eintritt, ist die Fehde, d. h. die von der Rechtsordnung anerkannte Feindschaft; Fehde führt sprachlich auf das althochdeutsche Verbum fêhan, hassen zurück.[2]

Zwei Merkmale dieser Fehde nun sind hier für uns von besonderer Bedeutung. Es wurde vorhin schon angedeutet, daß die aus der Gewaltthat unmittelbar entspringende Feindschaft sich nicht auf Thäter und Verletzten beschränke, sondern die beiderseitigen Blutsverwandten, die Sippen oder Geschlechter mit ergreife: die Fehde ist grundsätzlich Geschlechterfehde. Naturgemäß aber kommt dies Prinzip doch zu einem sehr verschieden starken Ausdruck je nach der besonderen Art des Friedensbruches, um dessen Ahndung es sich handelt. Die Gewaltthat kann sich gegen ein Weib richten, dann ist es unter allen Umständen die Sippe der Frau, welche für ihr waffenunfähiges Mitglied den Racheweg beschreitet. Die Gewaltthat kann in Tötung oder in einer solchen Körperverletzung bestehen, die den Betroffenen zum hülflosen Krüppel macht: auch in diesen Fällen steht Racherecht und Rachepflicht unmittelbar der Blutsfreundschaft des Vergewaltigten zu. Aber der Angriff auf die Persönlichkeit des Mannes kann auch nur eine geringe Körperverletzung hervorrufen oder gar nur in kränkender Rede bestehen. In diesem letzteren Falle hat unter allen Umständen der Beleidigte selbst in erster Linie vor den Riß zu treten: seine Sache ist es zuvörderst mit dem Verächter seiner Mannheiligkeit fertig zu werden.

Das zweite Merkmal der germanischen Privatrache, welches uns hier besonders interessiert, liegt in ihrem Zwecke. Beweist, wie ich schon früher ausführte, der gewaltthätige Angriff des Friedensbrechers, daß er dem Persönlichkeitswerte seines Gegners nur einen untergeordneten Rang zuzuerkennen vermöge, so greift der Verletzte vorzugsweise deshalb zum Schwerte, damit im Gegenteil die Mitlebenden erkennen möchten, wie wenig Recht sein Feind mit der Annahme habe, ihm straflos Unbill anthun zu können. Nicht in dem Schmerz oder der Vernichtung seines Gegners, sondern in dessen Demütigung, in der Bewährung der eigenen von jedermann anzuerkennenden

Unantastbarkeit fand der Germane seine Genugthung.[3] Damit aber hängt zusammen, daß mit der germanischen Rache deren heimlicher Vollzug schlechterdings unvereinbar war. Wer seinen Gegner in erlaubter Fehde tötet, muß dies kenntlich machen: so steckten die Franken das Haupt des erschlagenen Feindes auf einen Pfahl oder stellten ihn öffentlich auf einer Bahre aus, so legte noch in viel späterer Zeit in den Niederlanden der Rächer seinem Opfer die todbringende Waffe und eine kleine Münze auf die Brust, letzteres um anzuzeigen, daß kein Raub vorliege.[4]

Die beste Gewähr für solche Öffentlichkeit der Rache war es nun aber, wenn sie den Feind nicht überraschend traf und zu sofortiger Gegenwehr zwang, sondern durch feierliche Herausforderung zum Zweikampfe vor Zeugen eingeleitet wurde. In der That finden wir diese Form der Privatrache unter den Germanen der Urzeit weit verbreitet, und insbesondere im hohen Norden, in Norwegen und Island, sind die Zweikämpfe als Mittel der Genugthuung für angethane Beleidigungen sehr im Schwange. Sie führen dort den technischen Namen der Holmgänge, weil man als Ort des Duells meist einen Holm, d. h. eine kleine Insel, wählte. Die Forderung hieß das Holmschneiden und ging in festbestimmter Weise vor sich. Zeit und Ort des Duells wurden bestimmt, ebenso einigte man sich über die Waffen, welche von gleicher Art sein mußten. Über die Länge der Holmgangsschwerter gab es sogar gesetzliche Vorschriften, mehr gewohnheitsrechtliche Normen waren es, die sich auf die Einfriedigung des Kampfplatzes bezogen. In das von Unparteiischen abgesteckte Feld traten die Kämpfenden, begleitet von ihren nächsten Freunden und Beiständen; sie prüfen gegenseitig die Waffen, und der Forderer sagt die Holmgangsgesetze: jeder soll drei Schilder haben, wenn aber diese verhauen sind, sich mit der Waffe allein wehren; wer mit beiden Füßen vom Kampfplatz heruntertritt, wird als flüchtig betrachtet und Neiding, d. h. ehrlos gescholten. Der Geforderte hatte das Recht des ersten Schlages. Hinter jedem Duellanten stand ein Mann, der ihm den Schild hielt und die Hiebe aufzufangen suchte. Die Hiebe erfolgten in abwechselnder Reihe; die Zahl der Gänge war zuweilen bestimmt. Saß ein Hieb, so sprangen die Sekundanten ein.[5] Wer eine Forderung nicht annahm oder wer sich als Forderer nicht stellte, fiel in größte Schande. Das wird unwiderleglich durch ein Quellenzeugnis des schwedischen Rechts erwiesen. Im Uplandslågen nämlich heißt es: „Schilt ein Mann einen anderen: Du bist kein Mann und hast kein Herz. (Erwidert der andere:) Ich bin ein Mann wie Du, so sollen sie zusammenkommen, wo drei Wege sich begegnen. Kommt der, welcher das (Schelt-)Wort gegeben, der aber nicht, der es empfangen hat, so sei er, wofür er gescholten wurde und sei weder eid- noch zeugenfähig, weder für Mann noch Frau. Kommt der, welcher das Wort empfangen, aber nicht, der es gegeben hat, so rufe er drei Neidingsrufe und setze des ein Zeichen in die Erde. Dann sei der ein an seiner Ehre unvollkommener Mann, der da sagt, was er nicht zu behaupten wagte. Kommen sie beide mit vollen Waffen, fällt der Gescholtene, so werde er mit halbem Gelde vergolten; fällt der, welcher ihn mit den schlimmsten Schmähworten schalt, so ist er durch seine Zunge gefallen, er liege unvergolten, wo er fiel!"

Lassen Sie uns, meine hochverehrten Damen und Herren, hier einen Augenblick anhalten und uns das wesentlichste Ergebnis des zuletzt Ausgeführten vergegenwärtigen. Eins dürfte jetzt Niemandem von uns mehr zweifelhaft sein: unsere altgermanischen Vorfahren haben thatsächlich den Ehrenzweikampf gekannt. Und dieser urgermanische Ehrenzweikampf hat mit dem Duell der Gegenwart eine geradezu verblüffende Ähnlichkeit, beide Institutionen sind ihrem Wesen nach schlechthin identisch. Bei beiden bildet der zugefügte Schimpf die vornehmste Voraussetzung, beide verfolgen den Zweck, den Beleidiger zu der versagten Anerkennung des Persönlichkeitswertes zu zwingen, bei beiden erfolgt die Forderung in solennen Formen, bei beiden verläuft der Kampf selbst nach hergebrachten festen Regeln. Ja auch die Sekundanten des modernen Ehrenzweikampfes fehlen dem altgermanischen Duell nicht. Und das Alles zu einer Zeit, wo von einem Einfluß spezifisch romanischer Kultur auf unsere Altvordern in alle Wege keine Rede sein kann.

Denn die romanischen Völker stellen ja im Vergleich mit den Germanen eine verhältnismäßig sehr junge Bildung dar. In dem Augenblick, wo das Germanentum als einheitliches Rassengebilde um die Wende des zweiten Jahrhunderts vor Chr. in das Licht der Geschichte tritt, hat es bereits eine lange im Dunkel vorhistorischer Zeiten liegende Vergangenheit hinter sich. Was wir jedoch heutzutage als Romanentum bezeichnen, ist das Ergebnis einer gewaltigen Völkermischung, deren Elemente sich erst seit dem fünften Jahrhundert nach Christus vollständig zusammenfinden. Die Römer unterjochen in den letzten Jahrhunderten vor Christi Geburt die alteingesessene keltische Bevölkerung von Spanien, Gallien und Oberitalien und vermischen sich mit ihr, als dritter Bestandteil treten dann seit ihrem Aufbruch aus früherer Heimat eine Reihe von germanischen Stämmen hinzu: in Gallien setzen sich die Franken und Burgunder, in Spanien die Westgoten, in Italien die Langobarden dauernd fest. Mit sich aber bringen sie ihr germanisches Recht, und dieses Recht bewahren sie, selbst nachdem ihre eigene Sprache längst einem Mischidiom gewichen ist, auf das Allerhartnäckigste. Man stelle sich nur vor, daß noch heutzutage das in Frankreich geltende bürgerliche Recht, der Code civil Napoleons I., weit mehr germanisches Recht enthält als viele deutsche Zivil-Gesetzbücher der Gegenwart, man denke nur daran, daß der Fuero juzgo in Spanien sich bis in die Neuzeit erhalten hat, dieser Fuero juzgo, der nichts anderes war als eine spanische Bearbeitung des alten Westgotenrechts! Solch ungemeine Zähigkeit hat das germanische Recht inmitten romanischer Kulturentwicklung bewahrt. Sollte uns das nicht auch einen Fingerzeig für die Beurteilung der Frage geben können, die uns hier interessiert? In den Rechtsquellen des französischen Mittelalters wird uns der Ehrenzweikampf bezeugt. Ist er keltischen Ursprungs? Das dürfte bei dem offenbar geringen Einfluß, den das keltische Recht auf das Romanentum ausgeübt hat, unwahrscheinlich sein. Ist er römischer Herkunft? Das ist direkt unmöglich, denn das Recht der Römer hat die gewaltsame Reaktion gegen Ehrenkränkungen in historischer Zeit keinesfalls mehr anerkannt. So bleibt denn nur übrig anzunehmen, daß das Duell auch in Frankreich und in den übrigen romanischen Ländern zur germanischen Erbschaft gehört.

Dennoch thut sich mit dem Fortschreiten des Mittelalters eine große Kluft auf zwischen dem Ehrenrecht der romanisierten Nationen Frankreichs, Spaniens und Italiens einerseits und demjenigen des reineren Germanentums in Deutschland andrerseits. Auf romanischem Boden verflacht die Auffassung des Ehrenzweikampfes je länger desto mehr und führt schließlich zu Ausgang des Mittelalters zu jenen fast anarchischeu Zuständen, die von Below mit Recht tadelt, die er aber mit Unrecht als den Anfang des europäischen Duellwesens überhaupt bezeichnet. In Deutschland kommen umgekehrt Rechtsgebilde zur Entfaltung, deren Keime schon in urgermanischer Zeit wurzeln und die einen Ersatz der Privatrache für erlittene Beleidigungen anstreben. Längst ja war die unbeschränkte Herrschaft des Fehderechts gebrochen. Die erstarkende Staatsgewalt empfahl zunächst und forderte schließlich bei einem sich stetig vergrößernden Kreise von Gewaltthaten, daß die Sippe des Verletzten, anstatt zum Schwerte zu greifen, sich von der Sippe des Thäters durch die Zahlung eines Sühnegeldes versöhnen lasse. Freilich hat der Staat auf diese Weise keineswegs das Fehderecht überhaupt zu beseitigen vermocht. Insbesondere mußte es den hochgespannten Vorstellungen des Germanen vom Werte der Ehre widersprechen, sich Beleidigungen allein durch Geld vergüten zu lassen. Ging doch, wie schon mehrfach betont wurde, der Zweck alles germanischen Ehrenschutzes dahin, den Beleidiger zu demütigen und ihn zur nachträglichen Anerkennung des angegriffenen Persönlichkeitswertes zu zwingen. Eine wirksame Beschränkung der Eigenmacht bei Ehrenkränkungen konnte daher das Recht nur dann zu erreichen hoffen, wenn es Normen schuf, die dem Beleidigten vollen Ersatz für das boten, was ihm bisher die Privatrache hatte verschaffen sollen: Genugthuung durch Demütigung des Gegners. Und in der That, das germanische Recht hat diesen Weg bereits in der Urzeit beschritten: norwegische und langobardische Quellen zeigen uns hier einen völlig übereinstimmenden Rechtszustand und erweisen dadurch dessen gemeingermanischen Ursprung. Die Institution, welche ich meine, ist die feierliche Ehrenerklärung und der Widerruf. Der Beleidiger nämlich wird auf die Klage des Beleidigten hin vom Gerichte gezwungen, entweder den Wahrheitsbeweis für seine beschimpfenden Vorwürfe zu erbringen oder, falls er dies nicht vermag, seine Behauptung zurückzunehmen und seinen Gegner für einen Ehrenmann zu erklären. Ist die Beleidigung ihrer Natur nach unbeweisbar, wie z. B. das bloße Schimpfwort, so hat nur die Ehrenerklärung zu erfolgen. Weigert sich jedoch der Beleidiger, trotz dahin gehenden gerichtlichen Urteils sich vor seinem Gegner durch Ehrenerklärung und Widerruf zu demütigen, so wird er nach norwegischem Recht zeitweise aus der Friedensgemeinschaft des Gesamtvolkes ausgestoßen, nach langobardischer Satzung muß er hohe Buße zahlen, unter Umständen so viel wie für einen Totschlag.

Wahrlich, das sind Rechtsvorschriften, die von tief sittlicher Auffassung des Wertes der Ehre getragen sind und zugleich von fein psychologischem Verständnis für das zeugen, was dem Beleidigten allein Genugthuung verschaffen, was ihn somit auch am sichersten zum Verzicht auf gewaltsame Reaktion gegen die Ehrenkränkung veranlassen kann. Genau dieselben Normen aber, wie sie das norwegische und das langobardische Recht für die germanische Urzeit bezeugen, finden wir dann in einer Fülle von deutschen

Rechtsquellen späterer Zeit wieder: Ehrenerklärung und Widerruf haben das ganze deutsche Mittelalter bis zur Neuzeit beherrscht. Nur eins ist anders geworden: der hartnäckige Beleidiger, welcher nicht zum Widerruf zu bewegen ist, wird jetzt so bestraft, als habe er selbst die schmähliche That begangen, deren er seinen Widersacher zu Unrecht zieh. Der Verleumder wird also ehrlos in demselben Maße, wie er seinen Feind ehrlos machen wollte.

Es muß als das tragische Moment in der Geschichte des deutschen Ehrenrechtes angesehen werden, daß diese kerngesunden Anschauungen unserer Altvordern uns heute nur noch wie eine halbverklungene Sage berühren. Im modernen deutschen Strafrecht giebt es keine Ehrenerklärung, keinen Widerruf des Beleidigers mehr, und keine Aberkennung der bürgerlichen Ehrenrechte straft den hartnäckigen Verächter fremden Persönlichkeitswertes. Mit all' dem haben die Strafrechtstheorieen, welche seit dem sechzehnten Jahrhundert in Deutschland Einfluß gewinnen, gründlich aufgeräumt. Nur ein verkümmerter Rest der alten Genugthuung lebt heute noch in dem Rechte des Beleidigten fort, die Verurteilung des Beleidigers auf Kosten dieses letzteren zu veröffentlichen, während die Geldbuße, zu der unter Umständen der Beleidiger abgesehen von der Strafe verurteilt werden kann, keinen reinen Genugthuungscharakter besitzt und jedenfalls thatsächlich ganz ungeeignet ist, diesen Zweck zu erfüllen. Glücklich wird man diese Entwicklung mit dem besten Willen nicht nennen können. Denn nun erst setzt sich in unseren volkstümlichen Anschauungen vom Ehrenschutze der tiefe Zwiespalt fest, unter dem noch die Gegenwart leidet. Weiten Volkskreisen geht durch die laxe strafrechtliche Auffassung von der Beleidigung die frühere Ehrfurcht vor dem Achtungsanspruche des Nächsten verloren, eine Erscheinung, deren unerfreulicher Blüte der Vaterlandsfreund unserer Tage namentlich im öffentlichen Leben auf Schritt und Tritt mit schmerzlicher Sorge begegnen muß. Andrerseits taucht um dieselbe Zeit, wo das deutsche Strafrecht in der geschilderten Weise die Abkehr von den früheren Prinzipien zu vollziehen beginnt, in denjenigen Kreisen, die berufsmäßig dem Waffenhandwerke obliegen, die altgermanische Privatrache als Reaktion gegen Ehrenkränkungen von neuem aus dem Hintergrunde des Gemeinbewußtseins auf, um fortan als modernes Duell eine Lebenszähigkeit zu beweisen, die allen Verfolgungen der Staatsgewalt erfolgreich getrotzt und in unserem Zeitalter sogar noch eine Erstreckung des Ehrenzweikampfes auf Bevölkerungsklassen erlaubt hat, welche ihm früher fern standen. So ragt der vier Jahrhunderte alte Konflikt mit ungeschwächter Kraft in die Gegenwart hinein. Wird es dereinst — früher oder später — der deutschen Volksseele dennoch gelingen, diese Gegensätze zu versöhnen? Ich weiß es nicht. Auch vermeide ich billig hier auf die Frage einzutreten, ob das moderne Strafrecht, wie unsere Kulturverhältnisse dermalen liegen, in der Lage ist, sich wieder zurückzubilden und die vor Jahrhunderten aufgegebenen Bürgschaften des deutschen Ehrenschutzes aufs neue seinem System einzuverleiben. Eins aber glaube ich allerdings als praktisch verwertbares Ergebnis meiner geschichtlichen Ausführungen hervorheben zu dürfen. Durch Strafen läßt sich das Duell nicht beseitigen, hat es doch selbst die Zeit überdauert, wo es mit dem Tode bedroht war. Auch Entrüstungsstürme der Presse oder der Volksvertretung werden in Zukunft wie bisher kommen und gehen, ohne den Lebenstrieb des Ehrenzweikampfes zu knicken. Das Absterben der gewaltsamen Reaktion gegen Beleidigungen ist nur möglich, wenn das sittliche Bewußtsein des Volkes für den Ehrenschutz Garantieen schafft, die das Duell auch seinen ernsthaften Anhängern entbehrlich erscheinen lassen müssen. Zu solchem Zwecke aber müssen wir stolzen Bürger einer hochentwickelten Kultur bei unseren weit roheren und ungebildeteren Vorfahren demütig in die Lehre gehen. Die altgermanische Mannheiligkeit muß wieder in ihren früheren Stand eingesetzt werden, wir müssen als Volksgemeinschaft wieder lernen, daß nur derjenige wahres Ehrgefühl sein eigen nennt, der auch die Ehre seines Nächsten hochhält. Es muß wieder anerkannt werden, daß wer den anderen freventlich an seiner Ehre kränkt, die sittliche Pflicht hat, ihn durch Eingestehen seines Unrechtes zu versöhnen. Es muß endlich wieder in weit höherem Maße als jetzt Volksüberzeugung werden, daß der hartnäckige Verleumder der allgemeinen Verachtung anheimzufallen habe. Werden diese Forderungen erfüllt, dann wird auch unser deutsches Recht wieder Normen finden, die mit dem geläuterten Volksgewissen harmonisch zusammenklingen, das Duell wird verschwinden, und Sitte und Recht, seit Jahrhunderten auf dem Gebiete des Ehrenschutzes im Zwiespalt, werden ihre Versöhnung feiern. Möge die Sonne solcher Zukunft unserem geliebten deutschen Volke nicht für immer hinter dem Horizonte der Zeiten säumen!

Anmerkungen.

1 BRUNNER, Deutsche Rechtsgeschichte II. 674 f.
2 BRUNNER, a. a. O. I. 157.
3 WILDA, Das Strafrecht der Germanen 160.
4 BRUNNER, a. a. O. I. 160.
5 WEINHOLD, Altnordisches Leben 297 ff.

Druck von Metzger & Wittig in Leipzig.

www.ingramcontent.com/pod-product-compliance
Lightning Source LLC
LaVergne TN
LVHW091732021026
849161LV00003BB/582